L'AFRICAINE

Opéra en cinq Actes

PAR

EUGÈNE SCRIBE

MUSIQUE DE

G. MEYERBEER

1924

LIBRAIRIE STOCK
DELAMAIN, BOUTELLEAU ET Cie, PARIS

L'AFRICAINE

OPÉRA EN CINQ ACTES

Représenté pour la première fois sur le THÉATRE DE L'OPÉRA,
à Paris, le 28 avril 1865.

LES GRANDS SUCCÈS DU THÉATRE D'AMATEURS

Choix d'excellentes pièces en plusieurs actes pour jouer en Société.

Prix : **4** fr. **50** (sauf indications contraires).

PAUL GÉRALDY

Aimer, 3 a., 2 h., 1 f. (6 fr.).

ANDRÉ BIRABEAU

La Femme Fatale, 3 a., 6 h., 2 f. (3 fr.).

EDOUARD BOURDET

L'Heure du Berger, 3 a., 3 h., 5 f., 1 fill. (3 fr.).

YVES MIRANDE et M. VAUCAIRE

Peg de mon Cœur, 5 h., 4 f. (3 fr.).

LAURENT DOILLET

Papassier s'en va-t-en guerre, 9 h., 3 f. (3 fr.).

MARTIAL PIÉCHAUD

Mademoiselle Pascal, 3 a., 2h. 10 f. (3 fr.).

J.-J. BERNARD

Le Feu qui reprend mal, 3 a., 2 h., 2 f. (3 fr.).

AMIEL et OBEY

La Souriante Madame Beudet, 2 a., (3 fr.).

G. LENOTRE et G. MARTIN

Colinette, 4 a., 10 h., 4 f.

LEMAIRE et SCHURMANN

Le Petit Lord, 3 a., 6 h., 5 f.

ED. PAILLERON

La Souris, 3 a., 1 h., 5 f. (5 fr.).
Cabotins, 20 h., 10 f. (6 fr. 75).

P. GAVAULT et CHARVAY

Mademoiselle Josette, ma femme, 3 a., 14 h., 7 f.

HENRI GHÉON

La Farce du Pendu dépendu, 3 a., 5 h., 1 f. (3 fr.).

ALEX. BISSON

Le Député de Bombignac, 3 a., 5 h., 4 f.
Château Historique, 3 a., 10 h., 6 f.

MOUEZY-EON

Les Nuits du Hampton-Club, 2 a., 9 h. (3 fr.).
Le Grand Ecart, 3 a., 8 h., 7 f.

L.-N. PARKER et W. JACOBS

La Main de Singe, 3 tabl., 4 h., 1 f., (3 fr.).

PAUL GAVAULT

Le Bonheur de Jacqueline, 3 a., 10 h., 6 f. (5 fr. 75).

PAUL BILHAUD
et M. HENNEQUIN

Nelly Rosier, 2 a., 6 h., 5 f.

BRIEUX

Blanchette, 3 a., 8 h., 4 f.
La Couvée, 3 a., 3 h., 4 f.

E. SCRIBE

Valérie, 3 a., 3 h., 2 f. (2 fr.).
Yelva, 2 a., 3 h., 4 f, (2 fr.).

ORDONNEAU et VALABRÈGUE

Les Boulinard, 3 a., 11 h., 4 f.

M. ORDONNEAU

Les Petites Godin, 3 a., 10 h., 10 f

La Librairie STOCK fournit toutes les pièces de théâtre publiées.

EUGÈNE SCRIBE

L'AFRICAINE

OPÉRA EN CINQ ACTES

MUSIQUE DE MEYERBEER

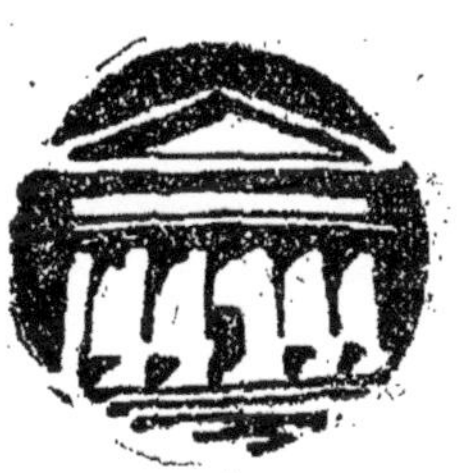

1924

LIBRAIRIE STOCK

DELAMAIN, BOUTELLEAU ET Cie, ÉDITEURS — PARIS

155, Rue Saint-Honoré, Place du Théâtre-Français et 7, Rue du Vieux-Colombier.

PERSONNAGES

		Création.
SELIKA	Mme	SAAS.
INÈS.	Mlles	BATTU.
ANNA, suivante d'Inès		LEVIEILLY.
VASCO DE GAMA	MM.	NAUDIN.
DON ALVAR		WAROT.
NÉLUSKO		FAURE.
DON DIÉGO, l'amiral		CASTELMARY.
DON PÉDRO, président du conseil du roi de Portugal		BELVAL.
LE GRAND INQUISITEUR		DAVID.
LE GRAND BRAHMINE		OBIN.
PREMIER MATELOT.		GRISY.
DEUXIÈME MATELOT		AIMÈS.
TROISIÈME MATELOT.		MÉCHELAÈRE.
QUATRIÈME MATELOT		FRÉRET.
UN HUISSIER.		CLÉOPHAS.
UN PRÊTRE		KOENIG.

Chœur de Conseillers. Officiers de marine, Évêques, Prêtres de Brahma, Indiens, Officiers, Matelots.

Les premier et deuxième actes se passent à Lisbonne, le troisième sur un vaisseau, le quatrième et le cinquième dans une île de la côte orientale de l'Afrique.

L'AFRICAINE

ACTE PREMIER

Le théâtre représente la salle du conseil de l'Amirauté à Lisbonne.

SCÈNE PREMIÈRE

INÈS, *et* ANNA

INÈS, *très agitée.*

Anna, qu'entends-je, au conseil on m'attend?
Je dois y comparaître à la voix de mon père!

ANNA

Il s'agit, m'a-t-il dit, d'une importante affaire.

INÈS

Que me veut-on? Je crains, j'espère au même instant!
Que sait-on de la flotte, et de mon cher Vasco?

ANNA

Vous l'attendez toujours, après deux ans?

INÈS

J'espère.
Si je n'espérais plus, ah ! je ne vivrais pas !
S'il meurt, je veux le suivre au delà du trépas !
C'est pour moi que Vasco, aspirant à la gloire,
Du grand marin Diaz partageant les travaux,
Affrontant les vents et les flots,
Vogue avec lui vers des pays nouveaux !
Ma main sera pour lui le prix de la victoire ;
Protégé par l'amour, Vasco triomphera.
Il reviendra !
Je le sens là
Au fond de l'âme.
Son chant d'adieu
Je crois toujours l'entendre,
Ce chant mélodieux
Plaintif et tendre
Que sous mon balcon, la nuit qu'il me quitta,
Les yeux en pleurs Vasco me chanta !

ROMANCE

Adieu, mon doux rivage,
Adieu, mon seul amour !
Adieu, rives du Tage !
Où j'ai reçu le jour.

Pour celle qui m'est chère
Seront mes derniers vœux,
Et vous, brise légère,
Portez-lui mes adieux.

Amours de l'enfance,
Si chers à nos cœurs,
Rêves d'espérance
Avec vous je meurs!

Adieu mon doux rivage,
Où j'ai reçu le jour!
Adieu, rive du Tage!
O toi, mon seul amour.

SCÈNE II

INÈS, L'AMIRAL, DON PÉDRO, *L'amiral entre. Inès va à sa rencontre.*

INÈS

Mon père, par votre ordre...

L'AMIRAL

Inès, tu dois savoir,
Avant que le conseil ici vienne s'asseoir,
Quel époux glorieux, dans sa bonté suprême,
Daigne choisir pour toi le monarque lui-même:
C'est Don Pédro!

INÈS

Qui? lui! Jamais, jamais, mon père!
(*Don Pédro entre tenant un manuscrit à la main.*)

L'AMIRAL

Le roi le veut, ainsi que moi; crains ma colère!

(*Baissant la voix.*)
A ce brillant hymen, immole un fol amour
Pour ce jeune homme obscur...

INÈS, *avec feu.*

Il sera grand un jour!
Son esprit noble et fier...

L'AMIRAL

L'a conduit à sa perte.
(*S'adressant à Don Pédro.*)
Faut-il croire les bruits qui couraient ce matin,
Et de Bernard Diaz nous annonçaient la fin?

DON PÉDRO

Ses plans ont échoué, la tempête, en chemin,
A brisé ses vaisseaux contre une île déserte,
Oui, le ciel l'a frappé, son désastre est certain!

INÈS, *vivement.*

Et lui-même a péri!

DON PÉDRO

On le craint, on l'ignore.

INÈS

Son officier, Vasco de Gama, vit-il encore?

DON PÉDRO, *avec étonnement.*

Vasco de Gama?
Mais qui donc de ces gens inconnus prend souci?
Pourtant parmi les morts
(*Il cherche dans les papiers.*)
regardez! le voici!

INÈS, *avec un cri de douleur.*

Il est mort! Il est mort!

TERZETTINO

Ensemble

L'AMIRAL, *à Inès à demi-voix.*

Pour mon honneur et par prudence,
Cachez ce trouble, ces douleurs !
Ou par devoir, ou par prudence
A votre époux, cachez ces pleurs.

DON PÉDRO, *à demi-voix.*

Tant de regrets sont une offense,
Et je m'indigne de ces pleurs
Qui laissent à ma défiance
Voir la raison de ses douleurs.

L'AMIRAL

Avec raison l'amour s'offense
De ces regrets, de ces douleurs.
Cachez à votre époux ces pleurs
Et ces regrets,
Son amour est blessé.

INÈS

Loin de ta patrie,
Quand tu perds la vie,
Reçois d'une amie,
La plainte et les pleurs!

Amours de l'enfance,
Ma seule existence,
Rêves d'espérance,
Avec vous je meurs!

Rêves d'amour,
Mon seul bonheur,
Avec vous je meurs!

(*L'amiral reconduit Inès qui sort par le fond.*)

DON PÉDRO

La nouvelle qu'on vous apporte
Peut-elle donc ainsi troubler ses sens émus?
(*A voix basse, à l'amiral.*)
Croirais-je qu'un regret, qu'un souvenir?

L'AMIRAL, *à voix basse.*

Qu'importe?
Craint-on le souvenir d'un rival qui n'est plus?

UN HUISSIER *entre.*

Les membres du Conseil entrent en séance.

SCÈNE III

VASCO, DON ALVAR, DON PÉDRO, L'AMIRAL, LE GRAND. INQUISITEUR, LES HUIT ÉVÊQUES, LES CONSEILLERS, *Les membres du Conseil d'État entrent gravement. Don Alvar le Grand Inquisiteur et les huit Évêques sont en tête du cortège. Don Pédro occupe le fauteuil du président.*

Ensemble.

Dieu, que le monde révère,
Verse en nos âmes la paix.
Dieu, que ta sainte lumière,
Soit avec nous à jamais!

Fais que ta grâce infinie
Nous adoucisse le cœur.
Sois notre appui dans la vie,
Notre guide ici-bas, Seigneur!

DON PÉDRO

Depuis qu'aux Espagnols, nos éternels rivaux,
Colomb ouvrit un monde et des trésors nouveaux,
Par quelque audacieuse et riche découverte,
Le noble Emmanuel, notre maître et seigneur,
Veut signaler son règne.

L'INQUISITEUR, *avec humeur.*

Ou courir à sa perte!

DON PÉDRO

Déjà le Portugais, hardi navigateur,
D'une route nouvelle, entrevoyant la chance
Où grondait la tempête a placé l'espérance.

L'INQUISITEUR *et* LE CHŒUR

Trop fatale espérance!

L'INQUISITEUR, *avec humeur.*

On s'est trop tôt flatté
De franchir les écueils de ce cap redouté.
Le bruit court que Diaz, par les flots en furie,
A vu sur ces rochers son escadre engloutie.

DON PÉDRO

Pour connaître son sort et lui porter secours,
Le roi nous réunit. Messieurs, donnez votre avis!

L'INQUISITEUR

Que le ciel nous éclaire!

TOUS

Dieu, que ta sainte lumière
Soit avec nous à jamais.
Sois notre appui dans la vie,
Sois notre guide, Seigneur.

DON PÉDRO

Don Alvar, quel avis est le vôtre?

DON ALVAR

Pour Diaz prions. Dieu disposa de ses jours!

DON PÉDRO *et* LE CHŒUR

Qui l'a dit?

DON ALVAR

Un marin, qui de tout l'équipage,
Echappé presque seul à la mer en courroux,
Pour le prix de ses jours, disputés au naufrage
N'aspire qu'à l'honneur d'être admis devant vous!

DON PÉDRO

Qu'il entre! son nom?

DON ALVAR

Vasco de Gama!

DON PÉDRO, *à part, et* L'AMIRAL

Lui, grands dieux!

SCÈNE IV

LES MÊMES, VASCO DE GAMA. *Vasco de Gama, amené par les huissiers et les gardes de l'Amirauté, s'avance au milieu du demi-cercle et salue avec respect les membres du conseil. Don Pédro lui fait signe de parler.*

VASCO DE GAMA

J'ai vu, nobles seigneurs, rouler dans les abîmes,
Notre chef, nos soldats! cœurs vaillants et sublimes!
Frémissant de colère, au moment de mourir,
D'apercevoir de loin, sans l'avoir pu franchir,

Ce géant de la mer,
Ce cap de la tempête
Du pied touchant l'enfer
Et le ciel de sa tête.
J'ai gravi ces rochers et ce sol ignoré,
Où nul Européen encore n'a pénétré...
Que de fois, ces déserts et ces rives sauvages,
Ces récifs dangereux et ces nouvelles plages...

DON ALVAR

Par vous, pauvre exilé, furent, hélas! maudits !

VASCO, *avec feu.*

Non! mais explorés et conquis!
Ils le seront par nous! J'en crois Dieu qui m'inspire!
(*Vivement.*)
Que cet écrit, par vous, messieurs, soit consulté ;
Que le roi, grâce à vous, me confie un navire,
(*S'animant davantage.*)
Et bientôt, franchissant cet écueil redouté,
Du commerce et des mers, je vous promets l'empire.
A vous, climats nouveaux, riches trésors, prospérité!

L'INQUISITEUR, *avec ironie.*

Et votre part, à vous...

VASCO, *avec enthousiasme.*

Moi, l'immortalité!

Ensemble.

VASCO

Oui, fallût-il perdre la vie,
Je vous promets de réussir,
Et pour mon roi, pour ma patrie,
Daignez m'entendre et m'accueillir!

L'INQUISITEUR *et* L'AMIRAL

Pour tant d'audace et de folie
Ah! la pitié vient me saisir,
Et l'on ne peut sans raillerie
Entendre ses discours.

DON ALVAR

A son audace, à son génie
Oui, je sens mon cœur tressaillir
Et pour l'honneur de la patrie
Il vous promet de réussir.

CHŒUR

Non!

VASCO

Seigneurs!

(*Vasco qui déjà était à la porte pour sortir, revient sur ses pas.*)

VASCO

Un mot encore avant que vous délibériez
Et que le roi me confie un navire,
Il le peut sans danger, le triomphe est certain.
Des esclaves, qui sont d'une race inconnue,
Sur le marché des noirs avaient frappé ma vue
En Afrique. Ils sont là.

L'INQUISITEUR

Quel est votre dessein?

VASCO

De peuples inconnus ils prouvent l'existence.
Sous le soleil d'Asie, ils n'ont pas pris naissance,
Ni dans ce nouveau monde aux Espagnols soumis.
Voyez-les!

L'AMIRAL, *vivement.*

Faites-les entrer!

DON PÉDRO

C'est mon avis!

(*Un valet sur un geste de Don Pédro ouvre la porte et fait signe d'entrer. Selika entre la première, Nélusko la suit à distance respectueuse.*)

SCÈNE V

LES MÊMES, SELIKA, NÉLUSKO

DON PÉDRO

Esclaves, approchez!

L'AMIRAL

Quel est votre pays!

DON PÉDRO

En ces lieux qui vous a conduits?

(*Nélusko secoue la tête d'un air farouche.*)

L'AMIRAL

Tu ne me réponds pas!

NÉLUSKO, *avec haine.*

Non! non!

DON PÉDRO

Femme, à toi de parler.

SELIKA

On nous fit prisonniers sur les immenses mers,
Notre canot, longtemps assailli par l'orage,
Flottait perdu, bien loin de l'île aux palmiers verts.

VASCO, *d'un air triomphant.*

De grâce! regardez... les traits de ce visage,
Ces vêtements, ce teint cuivré,
Décèlent un peuple ignoré.

DON ALVAR

C'est vrai!

L'AMIRAL

Nommez votre patrie.

VASCO

Mais parle, Selika!
C'est moi qui t'en supplie!

SELIKA

Sa voix douce qui prie!
Je n'y résiste pas!

VASCO

Vous le voulez?...

SELIKA

Eh bien!...

NÉLUSKO

Tais-toi!
Reine, de tes serments garde la foi.
Esclave qu'un tyran a rivée à sa chaîne,
Pour être dans les fers, n'es-tu plus souveraine?
(*Avec exaltation.*)
Par les dieux que notre île adore, par Brahma,
Ah! ne trahis pas ton peuple, reine Selika!

DON PÉDRO, *à Selika.*

Ta patrie, entends-tu? Femme, je parle en maître;
Il faut enfin nous la faire connaître.

SELIKA, *avec fierté.*

A toi de la nommer! je n'en connus jamais,
L'esclave n'en a pas.

NÉLUSKO, *avec énergie.*

Lorsque vous marchandez
Un bœuf pour le labour, pourvu qu'il ait la taille,
Que rudement, chaque jour, il travaille,
De son pays jamais vous ne vous informez!

(*Avec une feinte bonhomie et d'un air narquois.*)

Que vous importe donc d'où peut venir un homme,
Qui n'est pour vous qu'une bête de somme?

DON PÉDRO

Quel orgueil indomptable!

VASCO

Inutiles efforts!
Ils ne parleront pas... Cependant tout dévoile,
Qu'ils viennent de plus loin que l'Afrique, et des bords
Où jamais l'Océan n'a porté notre voile.
Ces pays inconnus, je veux les découvrir,
Donnez-moi les moyens de vous les conquérir.

DON PÉDRO

C'est bien. Retirez-vous, car le conseil commence!

(*Vasco s'incline et se retire. Selika et Nélusko le suivent.*)

DON ALVAR

Il faut, avec ardeur, seconder sa vaillance!

L'AMIRAL

Il faut avec pitié sourire à sa démence!

DON ALVAR

C'est un brave officier.

L'AMIRAL, *avec ironie.*

Un habile intrigant!

DON ALVAR

Qui ne voit que la gloire!

L'AMIRAL

Ou son avancement!

CHŒUR

C'est un brave officier, un habile intrigant
Qui ne voit que la gloire ou son avancement.

L'INQUISITEUR, *avec une douceur hypocrite.*

Qu'avec calme l'on délibère
Et que le ciel vous éclaire!

DON ALVAR

Soit! parcourons d'abord ces cartes, ces dessins,
Ces documents par lui remis entre vos mains.

DON PÉDRO

Lisons!...

(*A part.*)

Que vois-je! ô ciel! quelle lumière
Soudain brille dans l'ombre, et peut guider nos pas!

L'AMIRAL

Confier nos vaisseaux, nos trésors, nos soldats,
A ce présomptueux que rien n'a fait connaître!...

CHŒUR

Un insensé, sans doute!

Un grand homme, peut-être!

L'INQUISITEUR

Le conseil ne saurait écouter un impie.

DON ALVAR

Un impie?

Parce qu'un nouveau monde à lui s'est révélé!

L'INQUISITEUR

Soutenir qu'il existe est flagrante hérésie
Car en nos livres saints, il n'en est pas parlé!

DON ALVAR

Et Christophe Colomb, qui brava l'anathème!...

L'INQUISITEUR

Et vous, jeune insensé, qui blasphémez vous-même!

DON ALVAR

Je défends ma patrie!

L'INQUISITEUR

Et vous offensez Dieu!
Sans lire ces écrits, qu'ils soient livrés au feu!

TOUS

Non pas! Non pas! Oui, oui! Au feu!

Ensemble, d'une voix suffoquée par la colère.

De l'outrage, de l'insulte,
De ces cris, de ce tumulte,
Je me ris, et ne consulte
Que l'honneur et le devoir.

DON PÉDRO, L'INQUISITEUR, L'AMIRAL *et* LES VIEUX CONSEILLERS

Téméraire! Téméraire!
Devant moi sachez vous taire,
Ou craignez et ma colère
Et mon rang et mon pouvoir.

DON ALVAR *et* LES JEUNES CONSEILLERS

Téméraire! Téméraire!
De quel droit me faire taire?
Peu m'importe sa colère
Et son âge et son pouvoir!

Ensemble, en grand tumulte et s'adressant à Don Pédro.

Aux voix! aux voix! aux voix!

L'INQUISITEUR ET LES ÉVÊQUES

Dieu, que le monde révère,
Verse en nos âmes la paix,

CHŒUR

Sois notre appui dans la vie,
Sois notre guide, Seigneur!

(*Les huissiers font le tour et recueillent le vote de chaque assistant pendant cette ritournelle.*)

SCÈNE VII

LES MÊMES, VASCO DE GAMA

DON PÉDRO, *gravement, s'adressant à Vasco.*

Le conseil souverain, qui pour le roi commande,
Au nom des intérêts entre ses mains placés,
A repoussé votre demande
Et vos projets, comme insensés.

VASCO, *avec indignation.*

Insensés!... dites-vous. C'est ainsi que naguère,
Par son propre pays, comme moi repoussé,
Christophe Colomb cet immortel Génois qu'aujourd'hui [l'on révère
(*Avec ironie.*)
Par les sages d'alors fut traité d'insensé.

DON PÉDRO, L'AMIRAL, L'INQUISITEUR

Silence, téméraire!

VASCO, *avec colère.*

Non, non, je parlerai.
A mon tour je vous juge, et je vous flétrirai.
Que la gloire de la patrie
Par vous indignement trahie,
Un jour retombe sur vous tous,
(*Avec furie.*)
Vous, tribunal! aveugle, envieux et jaloux!

Ensemble, sauf Don Alvar.

La mort pour l'insolent!

DON ALVAR

Indulgence et pardon!

L'INQUISITEUR

Pour un pareil outrage, éternelle prison!

VASCO

Oui! vous avez raison, devenez mes bourreaux!
(*D'une voix suffoquée par la colère.*)
Vous qui redoutez la lumière,
Enfermez-la dans les cachots,
De peur que, malgré vous, elle ne vous éclaire!

Ensemble.

Impie et mécréant,
Et rebelle insolent!
De nous, son sort dépend!
Qu'on le juge à l'instant!

DON ALVAR

Vasco, jeune imprudent;
Songe qu'en cet instant
D'eux seuls ton sort dépend;
Crains leur ressentiment!

VASCO

D'impie et de rebelle,
En vain je suis traité ;
D'avance, j'en appelle
A la postérité.

Pour confondre l'envie
Et sa vaine fureur,
J'ai pour moi la patrie
Et l'avenir vengeur !

DON ALVAR

D'impie et de rebelle,
En vain il est traité,
D'avance il en appelle
A la postérité.

DON PÉDRO, L'AMIRAL, L'INQUISITEUR

Impie et mécréant
Et rebelle insolent,
De nous son sort dépend,
Qu'on le juge à l'instant !
Et que dans son courroux
Le ciel venge par nous
La majesté des lois,
La justice et nos droits !

L'INQUISITEUR, *et les huit évêques.*

Par nos voix, Dieu, lui-même,
Plein d'un juste courroux,
Vous lance l'anathème !...
Anathème sur vous !

Ensemble.

VASCO *et* DON ALVAR

Tribunal aveugle et jaloux !

CHŒUR

Au rebelle lançons l'anathème !

ACTE DEUXIÈME

Le théâtre représente un cachot de l'Inquisition à Lisbonne.

SCÈNE PREMIÈRE

VASCO DE GAMA, SELIKA

SELIKA

Toujours son sommeil agité
Par des rêves de gloire et d'immortalité!
(*S'approchant de lui et le regardant.*)
Depuis un mois entier, dans ces sombres cachots,
Personne, excepté moi, ne pense à toi, mon maître,
(*S'animant.*)
A toi, qui n'entends pas ma plainte et mes sanglots,
Et qui n'aurais pour eux que du mépris peut-être!

VASCO, *rêvant.*

O ma patrie!
Ma douce compagne...

SELIKA

Ecoutons! je frémis!

VASCO

Inès, ma seule amie!

SELIKA

Inès!... Qu'ai-je entendu? L'amour que je ressens,
Pour une autre il l'éprouve! Ah! c'est trop de tourment!
Hélas!
Que ces doux refrains,
Des bords lointains,
Calment tes chagrins.

Air du Sommeil.

SELIKA *évente Vasco avec un éventail indien.*

Sur mes genoux, fils du soleil,
Vainqueur au champ d'alarmes;
Le frais lotus d'un doux sommeil
Sur toi verse les charmes.

Le ramier gémit;
La brise frémit;
L'étoile scintille dans l'ombre;
Le bengali dit
Son chant dans la nuit;
Sommeille en paix, en ce bois sombre.

Sur mes genoux, fils du soleil,
Vainqueur au champ d'alarmes;
Le frais lotus d'un doux sommeil
Sur toi verse...

(*Elle regarde si Vasco dort.*)

Quel doux sommeil!
Hélas, hélas, mon cœur faiblit;
Mes pleurs, ne me trahissez pas.

(*Avec une expression douloureuse.*)
Ah! si la mer m'eût engloutie
Quand la tempête m'entraîna!
(*S'animant davantage.*)
Je n'aurais pas donné ma vie,
Au maître étranger qui dort là!
Eteins, Brahma,
Les flammes de mon cœur
Qui font, hélas! mes maux... et mon bonheur!

VASCO, *rêvant.*

L'orage approche, compagnons!

SELIKA, *avec anxiété.*

Il s'éveille... vite, chantons:
(*Elle reprend son éventail.*)
Sur mes genoux, fils du soleil,
Dors parmi la verdure...
Pour mieux bercer ton doux sommeil
La vague murmure.
(*Elle regarde Vasco.*)
Il dort en paix.
(*D'une voix suffoquée.*)
Ah! je succombe!
Hélas! je souffre, je chancelle.
(*Pleurant.*)
Douleur mortelle!
(*Avec une grande véhémence, et sur le devant de la scène.*)
Malgré moi je regrette à peine,
Auprès de toi, mon doux pays,
Et mon palais de souveraine,

Et mes dieux dans mon cœur trahis !

Hélas ! je t'aime !
Mon bien suprême
Hélas ! c'est toi !

(*Hors d'elle-même, elle retourne vers Vasco, le contemple, penche sa tête vers lui et ses lèvres vont effleurer son front quand de la porte à gauche sort Nélusko sans être vu d'elle. Selika cache sa tête dans ses mains en pleurant.*)

SCÈNE II

Les Mêmes, NÉLUSKO. *Nélusko entre lentement.*

SELIKA, *à voix basse.*

Nélusko !

NÉLUSKO, *à voix basse.*

Pour l'honneur de notre souveraine
Il le faut, pour elle et pour ma haine !
(*S'approchant.*)
C'est lui. Que vois-je ? Il sommeille...
(*Froidement.*)
Non, j'ai tort ;
Je ne veux pas frapper un ennemi qui dort...
(*Tirant un poignard.*)
N'importe, il le faut !
(*Il s'avance vers Vasco.*)

SELIKA

O ciel, que veux-tu faire?
C'est un prisonnier comme nous !

NÉLUSKO

C'est un chrétien, je les déteste tous.

SELIKA, *d'un ton de reproche.*

Il fut notre sauveur, il est là sans défense !
C'est à lui que je dois, dans notre triste sort,
De trouver près de toi la patrie adorée ;
Sans lui, de toi, ta reine séparée,
Serait plus triste encor !
Et toi, noble guerrier, souillant ta main d'un pareil crime,
Tu veux frapper au cœur ce maître magnanime?

NÉLUSKO

Je le veux ! je le dois ! j'abhorre ce chrétien !

SELIKA, *avec intention.*

Quoi ! pas d'autres motifs?...

NÉLUSKO

Peut-être !

SELIKA

Achève !...

NÉLUSKO

Je ne peux !

SELIKA

Je te l'ordonne, je le veux !

NÉLUSKO

Fille des rois, à toi l'hommage
Que te doit ma fidélité !

Ni le malheur, ni l'esclavage
N'ôtent rien à ta majesté !

(S'inclinant d'une voix soumise.)

Je vois, dans la grande île, en nos jours fortunés,
Nos prêtres, nos guerriers devant toi prosternés.
Mais le front qui jadis porta le diadème
Ne doit plus se courber que devant Dieu lui-même.

(Avec véhémence.)

Mais lorsqu'en cette prison
Auprès d'un ennemi !

SELIKA, *vivement.*

Nélusko !

NÉLUSKO, *d'un ton soumis.*

Pardon !
Filles des rois, à toi l'hommage
Que te doit ma fidélité !
Ni le malheur, ni l'esclavage
N'ôtent rien à ta majesté !

(Montrant Vasco, d'une voix suffoquée.)

Mais pour lui, pour Vasco, ce chrétien,
Reine, songes-y bien...
Quand l'amour m'entraîne,
Ou bien quand la haine,

Ardente et soudaine
Me tient en éveil,
En mes sens fermente,
Flamme dévorante
Qui, chez nous, s'augmente
Aux feux du soleil !

Il existe un secret
Que j'ai cru découvrir.

(*Montrant Vasco.*)

Tout bas je l'ai juré,
Celui-ci doit périr!

SELIKA

Nélusko!

NÉLUSKO

Redoutant ma colère,
Qu'il tremble pour son sort!

SELIKA

Par pitié!

NÉLUSKO

Car pour lui, ta prière
Est un arrêt de mort!

(*S'avançant vers Vasco.*)

SELIKA, *prenant la main à Vasco et la serrant.*

Maître, éveille-toi.

VASCO, *se réveillant.*

Qu'est-ce donc?

SELIKA, *troublée et embarrassée.*

Ton repas!
Que t'apportait ton esclave fidèle.

VASCO, *brusquement.*

C'est bien.

(*A Nélusko.*)

Laisse-nous. M'entends-tu?

NÉLUSKO

Oui j'entends!

(*Nélusko se retire lentement. En pleurant à part.*)

O Brahma! Dieu puissant,
Maître des cieux et de la terre,
Vous souffrez qu'il soit servi par elle!

SCÈNE III

VASCO DE GAMA, SELIKA

VASCO, *s'avançant.*

En vain leur impuissante rage
M'enchaîne en ces lieux ténébreux.
Je veux, brisant mon esclavage,
Revoir Inès! revoir les cieux.

SELIKA

Venez soutenir mon courage,
Dieux protecteurs de mes aïeux!
Chassez de mon cœur son image,
Et cachez ma peine à ses yeux!

(*Vasco est retombé dans sa rêverie; puis il se lève et contemple la carte qui est tracée sur le mur. Il regarde le dessin qu'il vient de tracer.*)

VASCO

Terrible et fatal promontoire,
Que nul n'a pu doubler encor,
De te franchir j'aurai la gloire!
(*Montrant sur la carte la pointe du cap.*)

De ce côté...

SELIKA, *qui s'est approchée, regarde derrière son épaule.*
Vivement.

Non, non!

VASCO, *étonné.*

Pourquoi?

SELIKA

C'est courir à la mort!

VASCO

Que dis-tu?

SELIKA

Mais par là!... à la droite... est une île,
Une île immense...

VASCO, *saisi de surprise, d'une voix suffoquée.*

O ciel!

SELIKA

Pays aimé des dieux!

VASCO

Achève!

SELIKA

C'est de là que mon canot fragile,
Surpris par le typhon sur une mer tranquille,
Longtemps battu par les flots furieux,
Fut enfin entraîné sur le sol d'esclavage...

VASCO, *avec enthousiasme.*

Triomphe, je l'avais dit! Oui, c'est là le passage.
Grâce à toi j'en suis sûr!... Le ciel comble mes vœux!

Ensemble.

VASCO

Combien tu m'es chère,
Ange tutélaire,

Par qui la lumière
Enfin m'arriva!
O service immense,
Que dans sa constance,
Ma reconnaissance
Jamais n'oubliera!

SELIKA, *à part, tout enivrée de bonheur.*

Quoi! je lui suis chère!
O douce lumière
Qui soudain m'éclaire,
Jour inespéré!
Il m'aime, j'ai croyance
Et plein d'espérance.
Ah! mon cœur s'élance
D'amour enivré!

SCÈNE IV

LES MÊMES, INÈS, SUIVANTE, DON ALVAR, DON PÉDRO, NÉLUSKO. *La porte du fond s'ouvre, Inès, la Suivante, Don Pédro et Don Alvar entrent.*

DON PÉDRO

On nous l'avait bien dit... et le hasard propice
Nous en donne la preuve.

VASCO

En croirais-je mes yeux?
Inès, ma bien-aimée!...

SELIKA, *à part avec fureur.*

Elle! Inès!... dans ces lieux!

(Selika veut s'avancer vers Inès, Vasco l'arrête par la main.)

SELIKA, *d'une voix frémissante et regardant Inès avec envie.*

Qu'elle est blanche!... et quel froid dans mes veines se glisse.

(Inès s'avance vers Vasco, elle veut parler mais l'émotion l'empêche, puis elle fait un effort et dit :)

INÈS, *d'une voix étouffée par les soupirs.*

J'avais appris que pour toujours,
Dans les ténèbres, tu languissais!
Mais ton pardon est acheté!
Et je te rends la liberté!

VASCO, *avec joie.*

La liberté!

INÈS

Oui!
Lis cet écrit.
(Avec effort.)
L'ordre est formel.
Vois!

VASCO

O ciel!

INÈS, *avec chaleur.*

Et maintenant nous nous quittons à tout jamais.
Hélas! il faut me fuir. Adieu!

(Inès va vers Don Pédro et l'entraîne pour sortir.)

Allons, sortons.

VASCO

Non, j'ai deviné, compris vos soupçons;
(*Montrant Sélika.*)
Cette esclave?

INÈS

Par vous en Afrique achetée.

VASCO, *vivement.*

N'est rien que mon esclave... Et votre âme irritée
D'un mot s'apaisera.
Elle est à vous, Inès!

SELIKA, *avec un cri de douleur.*

Ah! le cruel! l'ingrat!

VASCO

Je vous la cède,
Je vous la donne.

NÉLUSKO, *avec anxiété.*

Et moi?

VASCO

Toi de même, suis-la!
(*Avec enthousiasme.*)
Et mon cœur et mon sang, tout ce que je possède
Pour un seul regard de ses yeux!

SELIKA, *à part.*

Ah! le cruel!

INÈS, *à part.*

Le malheureux!
(*Vasco veut interroger Inès, mais elle se détourne de lui.*)

Ensemble.

INÈS

Moi seule il m'aime, et je doutais.
Ah quel destin, quel coup affreux !
Ma voix s'éteint, un voile épais
Vient obscurcir mes yeux!

VASCO

Le sort met fin à mon malheur.
Quand je vois ses beaux yeux
Soudain rayonne dans mon cœur
Comme un reflet des cieux.

DON ALVAR *et* LA SUIVANTE

Pour elle, hélas, ah! quel destin,
Quel coup affreux vient l'accabler,
Il l'aime tant! elle doutait!
Ah! pauvre Inès, quel coup affreux!
Sa voix s'éteint, un voile épais
Vient obscurcir ses yeux.

SELIKA

O juste ciel, quelle douleur!
Le traître insulte à mon malheur.
Il m'a vendue à cette Inès!
O cruauté, mépris sanglant!
Je sens la honte et la fureur
Me brûler de tous leurs feux.

NÉLUSKO

Enfin le sort, dans sa faveur!

A donc rompu leurs nœuds.
Sois ferme et fière en ta douleur,
Fuyons bien loin de ces lieux.

DON PÉDRO

Enfin le sort, dans sa faveur,
Vient d'exaucer mes ardents vœux,
Je vais jouir de la fureur
De ce rival ambitieux.

DON PÉDRO, *à Vasco.*

Marché conclu ! Nous acceptons !
(*Montrant Sélika et Nélusko.*)
Tous deux je vous les paye...
(*A Inès.*)
Et maintenant partons.

VASCO, *étonné.*

Que dites-vous ?

DON PÉDRO, *avec orgueil et emphase.*

Du roi, la bonté paternelle
Confie à mes talents, ou du moins à mon zèle,
La gloire de tenter ce passage hardi
Où plus d'un fol orgueil échoua jusqu'ici.

VASCO, *avec indignation.*

Vous ! à qui j'ai remis, d'une main insensée,
Les fruits de mes périls, mes labeurs, ma pensée !

DON PÉDRO

Vains projets... dans la flamme et dans l'oubli tombés.

VASCO

Gloire, qui m'appartient et que vous dérobez!...

NÉLUSKO, *bas à Don Pédro.*

Tu l'obtiendras par moi. Conduis-moi sur ton bord
Et je te servirai de guide et de pilote.

DON PÉDRO, *à Nélusko à demi-voix.*

J'y comptais bien en t'achetant!
(*A Vasco à haute voix.*)
Le roi
Des régions découvertes par moi
M'a nommé gouverneur!

VASCO

D'avance!

DON PÉDRO

Aujourd'hui même
Mon escadre appareille.
(*A Inès.*)
Allons, sortons d'ici;
Votre main...

VASCO

De quel droit?

DON PÉDRO

De celui
Qu'aux pieds des saints autels j'ai reçu de Dieu même.

VASCO, *à Inès.*

Que dit-il?

INÈS, *à demi-voix à Vasco, avec douleur.*

Pour vous qu'on disait infidèle,
Et pour vous soustraire aux horreurs
De cette prison éternelle
Ma main je l'ai donnée...

VASCO, *avec un cri de douleur.*

Ah!

INÈS, *d'une voix mourante.*

Et loin de lui, je meurs!

VASCO

Anathème sur l'infâme
Et malheur sur moi!

Ensemble.

INÈS

Immobile, de surprise,
De douleur son cœur se brise.
J'ai trahi la foi promise,
J'ai perdu tout mon bonheur!
Mais l'honneur parle et réclame,
C'en est fait je suis sa femme.
Anathème sur ma tête
Et malheur.

SELIKA

Immobile, de surprise,
De douleur mon cœur se brise,
Et l'ingrat qui me méprise,
Ne saurait voir ma douleur.

Mais d'un autre elle est la femme,
Et la rage qui l'enflamme
Fait renaître dans mon âme
Le bonheur!

LA SUIVANTE

Immobile, de surprise,
De douleur son cœur se brise.
A ses lois elle est soumise,
Don Pédro est son mari!
C'en est fait, elle est sa femme,
Qu'un rival en vain réclame,
Le Ciel laisse à son âme
Les regrets et la douleur.

VASCO

Immobile, de surprise,
Interdit, l'âme indécise,
Comment croire qu'elle brise
Des serments faits par l'honneur!
Pourtant il le proclame,
Il l'a dit, elle est sa femme;
Anathème sur l'infâme
Et sur moi malheur!

DON ALVAR

Immobile, de surprise,
De douleur son cœur se brise
A ses lois elle est soumise,
Don Pédro est son mari!
C'en est fait, elle est sa femme,
Le ciel laisse à son âme
Les regrets et la douleur.

NÉLUSKO

Notre Dieu nous favorise,
Sa vengeance déjà brise
Le chrétien que je méprise
Et je ris de sa douleur.
(*Montrant Don Pédro.*)
Et cet autre, cet infâme,
Que l'orgueil d'avance enflamme
Qu'il redoute de mon âme
La vengeance et la fureur.

DON PÉDRO

Immobile de surprise,
De douleur son cœur se brise.
A mes lois elle est soumise,
Et c'est moi qui suis vainqueur !
C'en est fait elle est ma femme,
Qu'un rival en vain réclame.
Moi je brave dans mon âme
Sa vengeance et sa fureur.

INÈS, *très émue.*

Écoutez-moi, Vasco!

SELIKA, *avec jalousie, à part.*

Va-t-il la suivre!

DON PÉDRO, *avec colère, à part.*

Elle ose !

VASCO

Du calme.

NÉLUSKO, *à Selika.*

Il se livre !

INÈS, *à Vasco de Gama.*

Eh bien, sois libre par l'amour,
La gloire au loin t'appelle;
Près de ma tombe au cœur fidèle
Ah! viens à ton retour!

Ensemble.

INÈS

Dans les soupirs de la ramure
Reconnais ma voix qui murmure,
Et va, plaintive, t'appelant.
(*Avec douleur.*)
Adieu, Vasco, là-haut je t'attends!

SELIKA

Pour moi l'exil et son mépris,
Hélas, quel coup affreux;
Il m'a livrée aux ennemis,
Le quitter, c'est affreux.
Pleurez donc, ô mes yeux!
Mon seul bien je l'ai perdu.
Je dois mourir. Adieu!

VASCO DE GAMA

Hélas! la main qui me sauva
Me porte un coup mortel;
Et pour toujours je perds Inès,
Son âme, ô sort cruel.
La quitter, c'est affreux.
Pleurez donc, ô mes yeux.
Mon seul bien, je l'ai perdu.
Je dois mourir. Adieu.

DON ALVAR

La main qui le sauva
Lui porte un coup mortel !
Son seul bonheur, il le voit fuir
Et pour toujours il perd Inès,
Son âme, ô sort cruel !
Pour l'oublier, il va mourir ! Adieu.

NÉLUSKO

Pour elle exil, regrets, mépris
Pour lui, son bien-aimé.
Merci Brahma, tu l'as guérie,
Sur son front qui pâlit
Sa douleur se trahit !
Elle est sauvée !
Vasco va mourir. Adieu.

DON PÉDRO

Victoire, enfin et sans retour
Il part, il est vaincu,
Je suis vengé. Pour lui tout est perdu.
(*Regardant Inès.*)
A son front qui pâlit
Son tourment l'a trahi
Elle me restera.
De son tourment je vais jouir.
Il va partir. Adieu.

(*La toile tombe très lentement.*)

ACTE TROISIÈME

ENTR'ACTE ET CHŒUR DE FEMMES

Le théâtre représente un vaisseau. Nélusko et les matelots dorment sur le premier pont. Le second est partagé en deux compartiments, d'un côté la chambre d'Inès et de ses femmes, de l'autre celle de Don Pédro.

SCÈNE PREMIÈRE

DON PÉDRO, NÉLUSKO, SELIKA,
INÈS *et* SES FEMMES

CHŒUR DE FEMMES

Le rapide et léger navire
Glisse sur les flots caressants ;
L'air du matin que l'on respire
Porte le calme dans nos sens.

DON PÉDRO

Jour et nuit, sur ce beau navire
Observons, officiers prudents,
C'est à moi seul de le conduire,
Malgré la tempête et les vents.

LES FEMMES

Notre vaisseau rapidement et doucement
Glisse en avant...

QUATUOR ET CHŒUR DE MATELOTS]

Debout matelots, l'équipage debout!

QUATUOR

Voyez-vous l'aurore
Qui déjà colore
La cime des flots.
Debout matelots.
Allons, à l'ouvrage,
Allons, aux travaux!

PRIÈRE DES MATELOTS

O grand saint Dominique,
Effroi de l'hérétique,
Sur nous veille en ce jour,
Protège mon retour!
Et je veux chaque jour
Dire ton saint cantique,
O grand saint Dominique!

Ensemble.

SELIKA *et* INÈS, *le Chœur des femmes.*
O céleste providence,
Toi notre divin secours,
Grand Dieu, protège ses jours.

LES MATELOTS

O grand saint Dominique,
Effroi de l'hérétique,
Sur nous veille en ce jour,
Protège mon retour.
Et je veux chaque jour
Dire ton saint cantique,
O grand saint Dominique!

SCÈNE II

LES MÊMES, DON ALVAR

DON PÉDRO

Ah! c'est vous, Don Alvar?

DON ALVAR

Je vous cherche, Amiral!

DON PÉDRO, *souriant.*

Quitter pour conquérir une lointaine plage
Son palais de Lisbonne et les rives du Tage,
C'est héroïque! Eh! mais, qu'avez-vous?

DON ALVAR, *d'un air sombre.*

Tout va mal!
Le pilote inconnu qui vous guide est un traître.
De trois vaisseaux, par vous commandés, l'un a
Déjà sombré, le second sur des rocs se brisa!...

DON PÉDRO

Mais, celui-ci du moins, je dois le reconnaître,

A, grâce à lui, franchi victorieux
Le cap de la tempête et ses flots furieux!
A lui me confiant, ainsi qu'à mon étoile,
Le premier, sur ces mers, je me suis élancé.

DON ALVAR

Non, un autre, de loin, nous avait devancé
Et l'on peut voir encor d'ici sa blanche voile
S'enfuir en nous traçant la route sur les flots.

DON PÉDRO

Quel est-il?

DON ALVAR

De ces mers, selon nos matelots,
C'est l'ange protecteur.

DON PÉDRO

Ou bien le mauvais ange?

DON ALVAR

Il faut le suivre!

DON PÉDRO

L'éviter!

NÉLUSKO, *appelant à haute voix les matelots.*

Holà! matelots, le vent change.
Aux voiles!... Hâtez-vous! voyez à l'horizon
Les signes précurseurs du terrible typhon!
Tournez au nord! au nord! ou, sinon, le trépas!

DON ALVAR, *à Don Pédro.*

Dans ce perfide esclave avez-vous confiance?
Son premier maître, il l'a trahi
Et vous trahira comme lui.
Guidés par lui déjà deux vaisseaux ont péri!

NÉLUSKO

Le géant des noires tempêtes,

Adamastor, les avait condamnés;
Et bientôt son courroux va fondre sur vos têtes,
Si vous ne changez pas de route et ne laissez
Gouverner vers le nord.

DON ALVAR

Où veux-tu nous conduire?

NÉLUSKO

Sans crainte, suivez-moi!

DON PÉDRO

Eh bien, soit!
(*Le vaisseau tourne vers le nord.*)

NÉLUSKO, *d'un air content, à part.*

Tra la, la, la, la...
Dans les cieux la tempête avance,
Nous suivons un chemin qui mène à la vengeance.
Ces parages pour nous ne sont pas inconnus;
Les canots de notre île y sont souvent venus!
Tra, la, la, la, la, la, la!

UN MATELOT

Nélusko, que chantes-tu donc là?

NÉLUSKO, *d'un ton sombre.*

Je chante la légende du géant des tempêtes,
Du terrible Adamastor,
Qui sur nous fait planer la mort!

LES MATELOTS, *en riant.*

Écoutons donc la légende du terrible Adamastor!

NÉLUSKO, *avec une énergie sauvage.*

Adamastor, roi des vagues profondes,
Au bruit des vents s'avance sur les ondes.
Et que son pied heurte les flots
Malheur à vous, navire et matelots!

A la lueur des feux et des éclairs,
Le voyez-vous?... C'est le géant des mers,
Jusqu'au ciel il soulève les eaux,
Mort à l'impie! et la mort sans tombeaux!
Ah! ah!... Ah! vous tremblez!...

Ensemble.

NÉLUSKO

Aux voiles! aux cordages!
Devancez les orages!
Sur vos mâts soyez suspendus
Ou précipités dans l'abîme
Qui gronde. Vous êtes perdus.

LES MATELOTS

Aux voiles, aux cordages!
Devançons les orages!
Sur nos mâts soyons suspendus
Ou précipités dans l'abîme
Qui gronde. Nous sommes perdus!

NÉLUSKO

Ah! vous bravez, insensés que vous êtes,
Adamastor, le géant des tempêtes!
La vieille Europe, au nouvel Océan,
Lance un défi, porté par l'ouragan.
A la lueur des feux et des éclairs,
Le voyez-vous? C'est le géant des mers,
Jusqu'au ciel il soulève les eaux,
Mort à l'impie et la mort sans tombeaux!

LES MATELOTS

La mort sans tombeaux!

NÉLUSKO

Ah! ah!... Ah! vous tremblez!

Ensemble.

NÉLUSKO

Aux voiles! aux cordages!
Devancez les orages,
Sur vos mâts soyez suspendus
Ou précipités dans l'abîme
Qui gronde. Vous êtes perdus!

LES MATELOTS

Aux voiles! aux cordages!
Devançons les orages,
Sur nos mâts soyons suspendus
Ou précipités dans l'abîme
Qui gronde. Nous sommes perdus!

(*Les matelots reculent avec effroi et remontent lentement sur le pont. Nélusko les suit en ricanant. Un matelot qui se trouve près du gouvernail fait des signaux.*)

SCÈNE III

LES MÊMES, VASCO DE GAMA

UN MATELOT, *du gouvernail.*

Un navire, portant pavillon portugais,
A détaché vers nous une barque légère;
Elle avance,... elle aborde.

NÉLUSKO, *à part.*

Eh! mais, quelque secours, quelque avis salutaire,
Vient-il, en les sauvant, renverser mes projets?

(*Entrée de Vasco.*)

DON ALVAR

Ah! que vois-je? Vasco! vers ces pays lointains,
En même temps que nous qui vous a pu conduire?

VASCO

C'est Dieu qui m'inspira! j'accomplis ses desseins.
Il a guidé mes pas et conduit mon navire!

DON PÉDRO, *avec ironie.*

Pour nous suivre en ces lieux!

VASCO

Pour vous y devancer.

DON PÉDRO

C'est donc alors pour nous braver?

VASCO

S'il en est temps encor, seigneur, pour vous sauver!

(*Don Pédro ordonne à tout le monde de se retirer. Don Pédro et Vasco descendent dans la cabine.*)

SCÈNE IV

DON PÉDRO, VASCO DE GAMA

VASCO

Quel destin, ou plutôt quel aveugle délire,
Vous conduit vers l'écueil fatal,
Où don Bernard Diaz, mon vaillant amiral,
Est venu briser son navire?
C'est peu des récifs ennemis,
Vous verrez, contre vous, surgir de ces rivages
D'innombrables canots dont les guerriers sauvages
Viendront de vos vaisseaux s'arracher les débris.

DON PÉDRO, *avec ironie.*

Vous croyez?...

VASCO

Du péril où l'on vous entraîne
On peut encor vous préserver.

DON PÉDRO, *avec ironie.*

Vraiment?

VASCO

Je viens à vous malgré ma haine,
Je viens à vous pour vous sauver,
Car les fils de la même patrie
Se doivent secourir!

DON PÉDRO, *toujours avec défiance.*

Eh quoi, d'une perte certaine,
Vous prétendez me préserver?
Mais est-ce moi que votre haine
Sur ce navire veut sauver?

VASCO

Hâtez-vous, la mer en furie
Ne vous permettra plus de fuir!

DON PÉDRO, *à demi-voix avec ironie.*

Mais est-ce pour moi tant de zèle?
Ou pour Inès?

VASCO, *avec chaleur.*

Ah bien! oui, ah! c'est pour elle,
C'est pour la noble Inès,
Car c'est à moi de la sauver
Dussé-je avec elle sauver un rival abhorré.

DON PÉDRO, *avec orgueil.*

Insensé ! ta jeunesse oublie
Que, seul, je règne sur mon bord ;
Et l'impudent qui me défie
A déjà mérité la mort.

VASCO

Quoi, d'un noble Portugais voilà donc la réponse ?

DON PÉDRO

Je pourrais te punir par le glaive des lois !

VASCO

Il s'agit de combattre et ta voix me dénonce.

DON PÉDRO

Tu me braves, je pense.

VASCO

Et tu trembles, je crois ?

Ensemble.

VASCO, *avec énergie.*

Je contiens à peine
Ma rage et ma haine.
Viens, mon bras t'attend,
J'ai soif de ton sang.
O honte, infamie,
Crains-tu pour ta vie ?
Viens donc, viens donc
Venger mon affront.
O fureur, ô haine
Que l'enfer déchaîne
J'ai soif de ton sang
Et mon bras t'attend.

DON PÉDRO, *avec vigueur.*

Je contiens à peine
Ma rage et ma haine.
Ah ! va-t'en, va-t'en,
J'ai soif de ton sang.
Tremble que ta vie
En ce jour n'expie
La honte et l'affront
Dont rougit mon front !
O fureur, ô haine
Que l'enfer déchaîne,
J'ai soif de ton sang
Et mon bras t'attend.

SCÈNE V

LES MÊMES, DON ALVAR, NÉLUSKO, MATELOTS *et* SOLDATS *puis* INÈS, SELIKA, *la* SUIVANTE *et les* FEMMES. *Les matelots et les soldats se précipitent sur Vasco de Gama qu'ils désarment.*

DON PÉDRO

Au mât du vaisseau qu'on l'attache ;
Que les balles de vos mousquets
Nous en fassent justice !

VASCO

Lâche !

SELIKA

Quelle voix !

INÈS

Vasco !
(*A part.*)
C'est lui, c'est lui !

DON PÉDRO, *aux soldats.*

A la mort, à la mort !

INÈS *et* SELIKA

Ah ! que ma voix fléchisse
Ces arrêts rigoureux. Seigneur, pitié, pitié !

DON PÉDRO

Non, non, soldats, qu'on obéisse !

SCÈNE VI

Le temps s'est troublé, l'orage a grondé d'abord dans le lointain, puis s'est approché davantage.

UN MATELOT, *en haut du mât.*

Aux voiles ! Au cordage !
Voici l'orage !
(*A ce moment, un bruit effroyable se fait entendre. Le vaisseau vient de donner sur des récifs. Les Indiens montent à l'abordage.*)

NÉLUSKO, *aux Indiens.*

A moi, fils de Shiva, voici vos ennemis !
Sur ces récifs je vous les ai conduits.

LES INDIENS

Brahma ! Brahma !
Force et courage
Aux enfants de Brahma.
Brahma ! Brahma !
Gloire et pillage
Le Ciel leur donnera.
Ni paix, ni trêve
Aux païens que voilà ;
A notre glaive
Aucun n'échappera.
Sous notre glaive
Tout tombera !

ACTE IV

Le théâtre représente à gauche l'entrée d'un temple d'architecture indienne ; à droite un palais ; au fond des monuments somptueux.

ENTR'ACTE ET MARCHE INDIENNE

SCÈNE PREMIÈRE

SELIKA, NÉLUSKO, LE GRAND BRAHMINE, *Brahmes, Malgaches et Indiens.*

LE GRAND BRAHMINE, *à Selika.*

Nous jurons par Brahma,
Par Wischnou, par Shiva,
Les dieux dont l'Indoustan révère la puissance,
Nous jurons obéissance
A la fille de nos rois !

LE CHŒUR

Nous jurons obéissance
A la fille de nos rois !

NÉLUSKO, *regardant Selika.*

Et Selika par nos mains couronnée,

Jure, vous l'entendez, le maintien de nos lois !
Sur ce livre sacré, dans le temple autrefois
Déposé par Brahma.

LE GRAND BRAHMINE, *à Selika.*

Jamais, tu l'as juré, jamais nul étranger
Ne souillera de sa présence impie
Le sol sacré de la patrie...

NÉLUSKO

Reine, le glaive saint vient de les égorger
Tous.

SELIKA, *avec émotion.*

Ciel ! Tous !

UN PRÊTRE, *bas à Nélusko.*

Hors un seul, qu'au fond de leur navire
Ils avaient enchaîné, lui seul encor respire.

NÉLUSKO, *à part avec colère.*

Vasco, peut-être !
(*Bas au prêtre.*)
Cours, qu'on l'immole à l'instant !

LE GRAND BRAHMINE, *à Selika solennellement.*

Aux autels de nos Dieux, la couronne t'attend !
Marchons.

NÉLUSKO

Nous, suivons notre reine.
(*Fausse sortie ; on entend du tumulte.*)
Quel est-ce bruit?

UN PRÊTRE

Des barbares l'on traîne les femmes au supplice.

NÉLUSKO

Vers ce mancenillier, au sombre et noir feuillage,
Dans les jardins sacrés allez, guidez leurs pas.

Leurs membres fatigués, sous ce tranquille ombrage,
Trouveront le sommeil... ainsi que le trépas.

SCÈNE II

VASCO DE GAMA *entre lentement, admirant tout ce qui l'entoure.*

Grand air.

VASCO

Pays merveilleux,
Jardin fortuné,
Temple radieux,
Salut!
O Paradis sorti de l'onde,
Ciel si bleu, ciel si pur, dont mes yeux sont ravis,
Tu m'appartiens! ô nouveau monde
Dont j'aurai doté mon pays!

(*Avec chaleur.*)

A nous ces campagnes vermeilles,
A nous cet éden retrouvé!
O trésors charmants, ô merveilles

(*Avec enthousiasme.*)

Monde nouveau tu m'appartiens!

LE CHŒUR

Astre qui sur nous t'élèves brûlant!
Tu demandes à nos glaives du sang!
Qu'à frapper le fer s'apprête.

La mort!
Que l'écho vengeur répète :
La mort!

VASCO, *revenant à lui.*

Que disent-ils? Mourir? mourir?... Enseveli
Dans mon triomphe, et sans que rien de lui
Me survive et proclame mon nom!
Vous ne le voudrez pas? non!... non.

(*Aux sacrificateurs.*)

Conduisez-moi vers ce navire
Dont la voile brille à vos yeux.

LE CHŒUR

Non.

VASCO

A mes amis laissez-moi dire
Que le succès combla mes vœux,
Que l'Europe, que ma patrie
Apprennent que Vasco vainqueur,
Sur ces bords a perdu la vie
Au prix d'un éternel honneur.

LE CHŒUR

Non! non! La mort à l'étranger!

VASCO, *avec désespoir.*

Ah! pitié pour ma mémoire
O vous à qui j'ai recours!
Ne me prenez que mes jours,
Mais laissez-moi la gloire.

LE CHŒUR, *entre eux.*

Point de pitié!

VASCO

Tous les tourments que la fureur rassemble
Ont pour moi moins de cruauté,
Car c'est mourir deux fois que perdre ensemble
La vie et l'immortalité!

LE CHŒUR

La mort à l'étranger!

VASCO, *avec résolution.*

Eh bien,
Mourons en héros, en chrétien.
Mon Dieu, reçois-moi dans ton sein.
Ah! marchons!

LE CHŒUR

Astre qui sur nous t'élèves brûlant,
Tu demandes à nos glaives du sang.
Qu'à frapper le fer s'apprête.
La mort!
Que l'écho vengeur répète :
La mort!

(*Tous ont levé la hache et vont frapper Vasco.*)

SELIKA

Arrêtez!

VASCO

Selika!

SCÈNE III

LES MÊMES, SELIKA, NÉLUSKO, GRAND BRAHMINE, LA COUR *de* SELIKA. *Selika descend rapidement l'escalier et d'un geste elle ordonne aux sacrificateurs de se retirer.*

NÉLUSKO, *à demi voix à Selika.*

Vouloir le soustraire au supplice!...

LE GRAND BRAHMINE, *à voix haute.*

Et, pour un inconnu, braver toutes les lois
Qu'aux pieds des saints autels vient de jurer ta voix!

CHŒUR

Oui,
Mort aux étrangers! et que la loi soit suivie!

LE GRAND BRAHMINE

La loi déjà fut suivie. Jusqu'aux femmes, tous
Ont expiré sous nos coups!

VASCO, *avec désespoir.*

Inès, tu n'es plus!
(*Aux sacrificateurs.*)
Frappez donc!

SELIKA, *à part avec douleur.*

Ah! le cruel!

LE GRAND BRAHMINE *et le* CHŒUR

A l'étranger, la mort! la mort!
(*Long silence.*)

SELIKA

Et si ce n'était pas un étranger?

VASCO, *étonné.*

Qu'entends-je?

SELIKA, *à voix basse.*

Silence! et permets-moi de te sauver encor,
Tu m'oublieras après!
(*S'adressant au peuple et aux prêtres.*)
Si, par un sort étrange
Il était notre frère?...

TOUS, *étonnés.*

O ciel!

SELIKA

Si le destin,
Par des liens que rien ne peut détruire
A moi l'avait uni?

NÉLUSKO

Dieu! qu'ose-t-elle dire?

SELIKA

Oui, votre reine, esclave à la rive lointaine
(*Montrant Vasco.*)
A vu sauver par lui sa vie et son honneur,
(*A Nélusko.*)
Et ma main,
Tu le sais, fut sa récompense.

NÉLUSKO, *troublé.*

Qui?... moi!

SELIKA, *à voix basse, avec véhémence.*

Toi seul pourrais me démentir,
Mais songes-y... s'il meurt, je veux mourir!
(*Au peuple à haute voix.*)
Peuple, en votre présence,
Nélusko peut l'attester encor.

LE GRAND BRAHMINE, *et le* CHŒUR *vivement.*

Qu'il l'atteste donc
Devant tous nos dieux et sur le livre d'or.

Cavatine.

NÉLUSKO, *d'une voix plaintive, à part.*

L'avoir tant adorée,
Et dans ce jour fatal,
La voir par moi livrée
Aux bras de mon rival!
Non, non, non...

Ensemble.

VASCO, LE GRAND BRAHMINE *et le* CHŒUR

Il tremble, il hésite.
Pourquoi donc se taire?
Abrège sa peine
Mais parle et jure.

SELIKA, *à Nélusko.*

Toi seul, si tu jures,
Finis ma souffrance
Ah! vois mon martyre,
Mes larmes, romps ce silence.
(*A part.*)
Il pleure!

NÉLUSKO

Encor ce sacrifice!
Mon cœur, qu'il périsse
Ainsi que mon honneur.
(*Avec désespoir.*)
Je veux, comblant sa joie,
Qu'heureuse elle me voie
Mourir de son bonheur.

(*Les prêtres sont revenus avec le livre et le présentent à Nélusko.*)

TOUS

Jure! Jure!

NÉLUSKO, *soupirant et ne répondant pas.*

Ah! Ah!...

LE CHŒUR

Jure!

NÉLUSKO

Eh bien, je jure devant vous
Je jure... qu'elle l'aime... et qu'il est son époux.

TOUS

Son époux!

NÉLUSKO, *à part.*

Écrase-moi, tonnerre,
Termine ma misère.
Mais que l'infâme qui l'a ravie
Soit avec moi foudroyé.

CHŒUR

Brahma! Brahma, sois loué!

Ensemble.

NÉLUSKO, *pleurant.*

L'avoir tant adorée
Et voir ma chère idole
A mon amour ravie,
O douleur!
Écrase-moi, tonnerre
Termine ma misère
C'est moi qui l'ai livrée.
Malheur sur moi, malheur sur lui!
(*Nélusko sort précipitamment.*)

CHŒUR

Gloire à vous,
Heureux couple,
Vivez, régnez longtemps sur nous
Votre peuple.

LE GRAND BRAHMINE

Peuple, écoutez ma voix :
Les dieux de l'Indoustan, dont nous suivons les lois,
Veulent que l'union sous d'autres cieux jurée
Soit, devant nos autels, à jamais consacrée.

SELIKA, *à Vasco, à voix basse.*

Ne crains rien...

LE GRAND BRAHMINE

Avant de nous rendre à l'autel
Invoquons nos dieux révérés.
Qu'à leur trinité sainte
S'adressent tour à tour les trois hymnes sacrés
Que la main de Brahma grava dans cette enceinte.
(*Il montre les tables de la loi incrustées dans la muraille. Lentement.*)
Peuple, prosternez-vous !
(*Il fait signe à Selika et à Vasco de s'agenouiller.*)

MORCEAU D'ENSEMBLE

LE GRAND BRAHMINE

Brahma! Wischnou! Shiva!
Gloire à vous!
(*A Selika et à Vasco.*)
Buvez tous deux ce philtre saint
Où du soleil vit la puissante flamme.

Rendez hommage au dieu Brahma
Qui lui donna de vous embraser l'âme.

(*Le peuple à genoux en prière. Ici entrent deux prêtres portant des coupes.*)

Le Dieu d'amour verse dans vos sens
Ce charme pur et ces désirs de flamme,
Lien des âmes
Dont l'attrait divin unit les cœurs
Dans le bonheur et les larmes.

(*A Vasco en lui donnant la coupe.*)

Bois, étranger, si tu veux posséder
Le trésor que Brahma rend à nos vœux.

(*A Selika.*)

Bois à ton tour : et du bûcher, sans crainte
Auprès de lui tu braveras les feux.

(*A Vasco et à Selika.*)

Vous, priez tout bas.

(*Aux prêtres et au peuple.*)

Nous,
Allons à l'autel
Chanter de nos dieux l'hymne solennel.
Brahma, Wischnou, Shiva!
Gloire à vous!

CHŒUR

Brahma! Wischnou! Shiva!
Gloire à vous!
Grands dieux, daignez bénir
Ces époux.

(*Le grand Brahmine, les prêtres et tout le peuple se rendent solennellement en procession au temple de Brahma.*)

SCÈNE IV

SELIKA, VASCO DE GAMA

SELIKA, *à voix basse à Vasco.*

Le vaisseau de don Pédro est brisé.

VASCO, *à voix basse, presque parlé, chancelant et cherchant en vain à retrouver ses idées.*

Je le sais.

SELIKA

Et tous ses compagnons immolés.

VASCO

Je le sais.

SELIKA

Mais d'ici l'on peut voir encor ton navire,
Où tes amis par toi quittés
Impatients, t'attendent.

VASCO

Je le sais.

(*Selika court vers la coulisse, pour voir si le cortège a disparu.*)

SELIKA, *à demi-voix.*

L'hymen que ton salut me force de souscrire,
Vasco, tu le peux accepter sans effroi...
Car, reçu par nos dieux, il n'engage que moi.
Mais l'époux de la reine est libre et parle en maître.
Dès demain, dès ce soir peut-être,
Sur ma pirogue il peut, rejoignant ses amis,
(*Tristement.*)
Fuir ces climats par lui découverts et conquis.

CHŒUR, *dans la chapelle.*

Brahma! Wischnou! Shiva!
Gloire à vous!

VASCO, *à part d'une voix étouffée.*

Où suis-je? Quelle extase m'inonde de plaisir?
Des maux que je souffrais je perds le souvenir...
Je vois un océan de pourpre et de clartés
Et de brûlants désirs mes sens sont agités!

SELIKA

Eh bien, fuis loin de nous, cruel, avec ta gloire,
Laisse-moi le malheur.

VASCO

A toi, reine,
Le malheur!

SELIKA, *avec douleur.*

Tu n'as jamais compris
Qu'on puisse aimer, souffrir et mourir de sa peine!

VASCO

Qu'entends-je? et quelle erreur fut si longtemps la mienne?
Quel voile te cachait à mes yeux?

SELIKA, *tristement.*

Le mépris.

VASCO, *passionnément.*

Tais-toi! C'est blasphémer! Jamais nulle mortelle
A mes regards charmés ne s'offrit aussi belle,
Et de ton œil de feu la dévorante ardeur,
Comme un rayon de flamme a passé dans mon cœur!
Te quitter à présent... c'est impossible...
Non, jamais!...

SELIKA, *tristement.*

Erreur fatale!
Ne m'as-tu pas déjà vendue à ma rivale?

VASCO

Ah! ne m'accablez pas! ô reine, je suis à vos genoux.
(*Très doux.*)
O Selika, pardonne à ton époux.

SELIKA

Toi, mon époux! ah!
(*Cri d'ivresse.*)
(*Selika, hors d'elle-même, ne peut croire à tant de bonheur ; elle craint d'avoir mal entendu : elle veut parler, mais son émotion est trop grande; enfin elle fait un effort, et d'une voix suffoquée elle dit les mots suivants.*)

Ensemble.

SELIKA

O transports, ô douce extase
Dont frémit mon cœur enivré.
Feu divin, qui m'embrase,
Des mortels bonheur ignoré,
Bonheur suprême,
Plaisir des cieux!
Je me sens au ciel ravie
Sous tes baisers!
Aimer c'est la vie.

VASCO

O transports, ô douce extase
Dont frémit mon cœur enivré,
Feu divin qui m'embrase,
Des mortels bonheur ignoré.
Le ciel nous donne sur la terre
L'amour dont s'enivrent les dieux.
Sous tes baisers!
Aimer c'est la vie.

VASCO, *avec tendresse.*

O ma Selika, vous régnez sur mon âme.

SELIKA

Ah! ne dis pas ces mots brûlants.
Ils m'égarent moi-même.

VASCO, *avec chaleur.*

Devant ton Dieu, devant le mien,
Sois ma femme!

SELIKA.

Ta femme! Songes-y bien!
Car moi, moi ton épouse,
Je le sens, je serai jalouse
De tout!... même du souvenir
De celle qui n'est plus, et qu'il faudrait bannir.
En aurais-tu la force?

VASCO

Oui, près de toi,
Selika, j'oublierai tout.

SELIKA, *d'un air méfiant.*

Quoi tout?
(*Avec une agitation toujours croissante.*)
Tu le jures devant ton Dieu?

VASCO

Je le jure devant mon Dieu.

SELIKA

A moi!... toujours à moi!...
(*Selika se jette en pleurant dans les bras de Vasco.*)

Ensemble.

O transports, ô douce extase
Dont frémit mon cœur enivré.
Feu divin qui m'embrase,

Des mortels bonheur ignoré.
Le ciel nous donne sur la terre
L'amour dont s'enivrent les dieux.
Contre mon cœur, quand je te presse
Je vois des pleurs dans tes yeux !
Je me sens au ciel ravie.
Sous tes baisers, aimer c'est la vie !

SCÈNE V

LES MÊMES, LE GRAND BRAHMINE *et* LE PEUPLE. *Le temple de Brahma s'ouvre, le grand Brahmine et le cortège en sortent, le prêtre étend les mains en signe de bénédiction sur Vasco et Selika.*

LE GRAND BRAHMINE

Divine trinité redoutable au parjure,
De ces époux reçois les vœux.
Soyez unis ! soyez heureux !

LE CHŒUR

Soyez unis ! soyez heureux !
(*Le cortège se disperse, les femmes entourent Selika et apportent des vêtements et des bijoux pour la toilette de la mariée. Les Indiennes dansent devant Selika pendant qu'elle se pare.*)

LE CHŒUR

Remparts de gaze,
Cachez l'extase
Qui les embrase
En ce beau jour !

Douce espérance
Brille et d'avance
Dans le silence
Et dans l'amour !

Ensemble

LES PORTUGAISES *et* INÈS, *de loin dans la coulisse.*

Adieu mon beau rivage,
Je ne vous verrai plus.
Amis de mon jeune âge
Hélas ! hélas ! adieu.

VASCO, *tressaillant de surprise.*

Est-ce un prodige ? une magie ?
Inès, ton ombre fidèle
Dans les airs m'adresse-t-elle
Encor ses derniers adieux ?

(*Vasco s'élance à la recherche de la voix; dans ce moment les danseuses lui montrent Selika qui l'attend.*)

LE CŒUR

Remparts de gaze
Cachez l'extase,
Qui les embrase
En ce beau jour.

(*D'autres danseuses entraînent Vasco vers Selika, qui en ce moment se dirige vers l'appartement à gauche, sous les voûtes de gaze, formées par les voiles des bayadères.*)

INÈS, *plus lent et très loin.*

Adieu, mon beau rivage.

LES PORTUGAISES

Adieu !

ACTE V

Le théâtre représente les jardins de la Reine.

SCÈNE PREMIÈRE

SELIKA, INÈS

(*Selika entre avec Inès, entourée de soldats.*)

SELIKA

Ciel ! Il est donc vrai ! Quoi, lui, Vasco !
Déjà trahie, déjà trompée !
Ingrat, voilà donc ses serments ?

INÈS

Daigne m'entendre !

SELIKA

Non, un instant avilie,
J'ai repris tous mes droits, et ce n'est plus ici
L'épouse, mais la reine... une reine outragée,
Qui redevient ton juge et qui sera vengée !

INÈS

Pitié, pitié pour lui !

SELIKA

Qui donc est si hardi
Que d'élever la voix devant sa souveraine ?
Toi, redoute un courroux que je retiens à peine.
Qu'il s'éloigne à l'instant. Je le veux !

Duo.

SELIKA, *se tournant vers Inès.*

Avant que ma vengeance ordonne ton supplice,
Approche, esclave, et réponds-moi.
Par quelle trahison et par quel artifice
Le perfide était-il, en ces lieux, près de toi ?

INÈS

Mourante, je fuyais, il s'offrit à ma vue.

SELIKA

Et que te disait-il, tremblant et l'âme émue ?

INÈS

Il disait que l'hymen venait d'unir vos jours,
Qu'à vous étaient son existence,
Ses serments, sa reconnaissance !

SELIKA, *avec dépit.*

Et pourtant il t'aime toujours !

INÈS

Non !... Que votre cœur lui pardonne.
N'écoutant que l'honneur, hélas ! il m'abandonne,
Il me fuit à jamais !

SELIKA, *avec douleur.*

Et pourtant il t'aimera toujours !

INÈS

A vos yeux, si tel est son crime,
Tombe sur moi votre courroux.
(*Avec une grande animation.*)
Il est juste, il est légitime,
Et je l'implore à vos genoux.
Oui, c'est ma seule prière :
Quand on n'a plus de bonheur sur cette terre,

A des maux sans espoir, quand nos jours sont livrés,
Vienne la mort !...
(*Tombant à genoux.*)
Frappez ! frappez !
(*Étonnée.*)
Vous pleurez ?

SELIKA

Hélas ! il doit l'aimer toujours !

Ensemble.

INÈS, *avec désespoir.*

Voilà, voilà tous mes tourments.
Je vous l'ai dit, voilà mon crime.
Vengez-vous, frappez la victime,
Délivrez-la de ses tourments.

SELIKA

Voilà, voilà tous mes tourments.
Pauvre fille, pauvre victime!
Comment, hélas! lui faire un crime
De tous les maux que je ressens ?

SELIKA

Tu sens donc en pensant à celui qui t'est cher?

INÈS

Et l'amour et la haine en mon âme indécise !

SELIKA

Et tu sens là... comme une main de fer ?

INÈS

Oui, qui me torture et me brise !

Ensemble.

INÈS

Voilà, voilà tous mes tourments,
Je vous l'ai dit, voilà mon crime,

Ah! frappez, frappez la victime,
Délivrez-la de ses tourments.
Voilà tout ce que je ressens.

SELIKA

Voilà, voilà tous mes tourments.
Ah! pauvre fille, pauvre victime!
Ah! pauvre fille, pauvre victime!
Oui, tous ces maux je les ressens.
Voilà, voilà tous mes tourments.

INÈS

Eh bien, venge-toi, frappe-nous tous les deux!

SELIKA

Le frapper? moi sa sœur, son amie,
Qui pour le rendre heureux aurais donné ma vie.
(*Réfléchissant.*)
Et si pour son bonheur je pouvais le fuir!

INÈS, *chaleureusement.*

Je le repousserais, car il est ton époux,
La mort seule, chez nous, brise de pareils nœuds.

SELIKA

Il va donc la désirer. O comble de misère! Hélas!

Ensemble.

O longue souffrance,
Qui déjà commence!
Et mon cœur balance
A s'en délivrer.
Dieu qui vois mes peines,
Pour briser mes chaînes
Daigne m'inspirer.

INÈS

Toi qui vois ses peines,
Pour briser ses chaînes
Inspire-la !

SELIKA

Dieu qui vois mes peines,
Pour briser mes chaînes
Inspire-moi !

SCÈNE II

LES MÊMES, NÉLUSKO. *Nélusko entre suivi de plusieurs soldats.*

SELIKA

Emmenez cette femme !
(*Les soldats emmènent Inès. A Nélusko.*)
Et toi, loin de ces lieux
Conduis Vasco !

NÉLUSKO, *étonné.*

Près d'elle !

SELIKA

Oui, tous les deux !
Tu vas à l'instant les conduire
Sur ce vaisseau
Qu'en mer on aperçoit encor...

NÉLUSKO, *à part.*

O ciel !

SELIKA

Et puis..., écoute bien : Quand, monté sur son bord,

Il partira... remets-lui ces tablettes!
Pas avant!... tu m'entends!

NÉLUSKO

Ah! livre-les sans crainte entre mes mains discrètes.
(*Avec tendresse.*)
Ce jour heureux qui finit mes tourments,
O reine, te rendra la puissance et la gloire!

SELIKA

Et lorsque pour jamais tu verras de nos bords
S'éloigner leur vaisseau... viens me trouver alors
A la pointe du cap et sur ce promontoire
Qui domine les flots!

NÉLUSKO, *avec terreur.*

Ah! n'en approche pas!
Là, s'il t'en souvient, s'étend l'immense ombrage
Du noir mancenillier, de l'arbre du trépas!

SELIKA

Je le sais!

NÉLUSKO

Malheur à l'imprudent
Qui respire ses fleurs au parfum enivrant!
Un instant il se croit aux régions célestes,
Extase mensongère et dangereux transport
Qui conduit par degrés du délire à la mort!

SELIKA

Je le sais, mais de ces lieux
On découvre la mer, et c'est ce que je veux!
(*Nélusko sort par la droite et Selika rentre dans le palais.*)

SCÈNE III

Le theâtre change et représente un promontoire qui domine la mer. Un arbre occupe le milieu de la scène.

SELIKA *s'avance lentement.*

D'ici je vois la mer, immense... et sans limite
Ainsi que ma douleur !
Et le flot furieux qui se brise et s'agite
Hélas ! comme mon cœur !

(*Elle s'avance vers le mancenillier.*)

O temple magnifique ! ô dôme de feuillage,
Qui balancez au loin vos funèbres rameaux !
Je viens à vous !... je viens chercher après l'orage
Le calme, le sommeil et l'oubli de mes maux...
Car votre ombre éternelle est l'ombre des tombeaux !
La haine m'abandonne;
Mon cœur est désarmé;
Adieu, je te pardonne;
Adieu, mon bien-aimé!

(*Cueillant les fleurs qui tombent des branches du mancenillier.*)

O riante couleur ! ô fleur vermeille et belle !
Viens sur le sein de l'épouse nouvelle !
Sois ma parure !... sois mon bouquet nuptial !

(*Le regardant d'un air triste, puis le respirant.*)

Ton doux parfum, dit-on, donne un bonheur fatal.
Dans les cieux entr'ouverts, un instant il fait vivre,
Et puis d'un long sommeil à jamais vous endort,

Comme l'amour il vous enivre
Et comme lui donne la mort.
Ah ! l'on dit vrai... Ma tête se trouble et s'égare...
De mes sens enchantés quel délire s'empare!
Quels célestes accords!
Est-ce un prodige? Que de splendeur!
A mes yeux s'entr'ouvre la demeure des cieux,
Brahma, sur mon passage,
M'apparait radieux.
C'est lui le dieu suprême,
C'est lui, c'est son image,
Il me reçoit aux cieux!

CHŒUR, *dans la coulisse.*

Ah! ah! ah! ah! ah!

SELIKA

Un cygne au doux ramage
Dans un blanc nuage
Traîne un char léger.
Les houris souriantes,
Près de lui dansantes,
Viennent voltiger.
Vient-il, lui que j'adore?
Et m'aime-t-il encore?
Point ne m'oubliera!
A peine je respire,
O transport, ô délire!
Oui, c'est lui, Vasco!
Il vient, lui que j'adore,
Porté par ce nuage.
A mes pieds déjà
Il s'arrête, puis il monte

Et remonte, il s'élance!
Ah!
(*Cri de joie.*)
Le voilà!
(*Selika commençant à s'endormir tombe au pied du mancenillier.*)

SCÈNE IV

SELIKA, NÉLUSKO

NÉLUSKO, *courant.*

Partis, partis!

SELIKA

Ah! rendez-moi les cieux!

NÉLUSKO

Selika, fuyons ces lieux,
O ma jeune maîtresse.
Aux chants des noirs esprits, par les fleurs enivrée,
Tu t'endors. Quoi, tu veux mourir, ô reine infortunée.
Chère ingrate, tu voix mes larmes.
Fidèle encor à ton malheur
Je veux, moi, ton esclave,
Mourir auprès de toi.
Selika! je t'aime!

SELIKA

Ah! Nélusko, fuis loin de moi, pardonne
Si j'ai voulu mourir et si je t'abandonne.

NÉLUSKO

Hélas !

(*Effrayé.*)

O ciel, sa main est froide et glacée, c'est la mort !

SELIKA, *d'une voix mourante.*

Non. C'est le bonheur !

(*Elle meurt.*)

LE CHŒUR

C'est ici le séjour
De l'éternel amour ;
C'est ici le séjour
D'un pur amour.

RIDEAU

E. GREVIN — IMPRIMERIE DE LAGNY

OPÉRAS ET OPÉRAS-COMIQUES

Armide. . . . . GLUCK.
Le Barbier de Séville . . ROSSINI.
Le Chalet. . . . . ADAM.
Le Cid . . . . MASSENET.
Le Comte Ory. . . . . . ROSSINI.
La Coupe enchantée. . . PIERNÉ.
Don César de Bazan . . MASSENET.
Don Pasquale. . . . . . DONIZETTI.
La Fête au village voisin. BOÏELDIEU.
Grisélidis. . . . . . . MASSENET.
Guillaume Tell. . . . . ROSSINI.
Henri VIII . . . . SAINT-SAENS.
Hernani. . . . . HIRCHMANN.
Hérodiade. . . . . MASSENET.
Hippolyte et Aricie . . . RAMEAU.
Joseph . . . . MÉHUL.
Lohengrin . . . . WAGNER.
Lucie de Lammermoor . AUBER.
Le Maître de Chapelle. . PAER.
La Muette de Portici . . AUBER.
Le Nouveau Seigneur de village . . . . BOÏELDIEU.
Othello. . . . . ROSSINI.
Parsifal. . . . . WAGNER.
Le Pré aux Clercs . . . HÉROLD.
Les Rendez-vous bourgeois. . . . . NICOLO.
La Roussalka. . . . . . LAMBERT.
Sigurd . . . . REYER.
Tannhäuser. . . . . . . WAGNER.
Le Tribut de Zamora . . GOUNOD.
Le Vaisseau Fantôme . . WAGNER.
La Vestale . . . . SPONTINI.

OPÉRETTES

L'Amour mouillé . . . . VARNEY.
Babolin. . . . . VARNEY.
Les Bavards . . . . . . OFFENBACH.
Les Braconniers. . . . . OFFENBACH.
La Cigale et la Fourmi. AUDRAN.
La Circassienne. . . . . AUBER.
Le Cœur et la Main. . . LECOCQ.
L'Écossais de Chatou . . DELIBES.
Fanfan la Tulipe. . . . VARNEY.
La Fiancée des Verts Poteaux . . . . AUDRAN.
La Fille de Madame Angot . . . . LECOCQ.
La Fille du Tambour Major . . . . OFFENBACH.
Gillette de Narbonne . . AUDRAN.
Giroflé-Girofla . . . . . LECOCQ.
Le Grand Mogol . . . . AUDRAN.
Les Grenadiers de Montcornette. . . . . LECOCQ.
La Leçon d'amour. . . . WACHS.
Madame Boniface. . . . LACOME.
Madame Favart. . . . . OFFENBACH.
La Marjolaine . . . . . LECOCQ.
La Marocaine. . . . . . OFFENBACH.
La Marquise des rues. . HERVÉ.
La Mascotte. . . . . . . AUDRAN.
Mazeppa . . . . POURNY.
Mimi Pinson . . . . . . MICHIELS.
Les Mousquetaires au couvent. . . . . VARNEY.
Le Myosotis. . . . . . . LECOCQ.
Les Noces d'Olivette. . . AUDRAN.
L'Oiseau Bleu. . . . . . LECOCQ.
La Petite Mariée LECOCQ.

www.ingramcontent.com/pod-product-compliance
Ingram Content Group UK Ltd.
Pitfield, Milton Keynes, MK11 3LW, UK
UKHW020939180726
13838UKWH00003B/1031

9 782329 376806